L'INCENDIE

DE L'OPÉRA-COMIQUE

DE PARIS

ET

LE THÉATRE DE SURETÉ

PAR

P. CHENEVIER

Architecte départemental à Verdun
Membre de la Société centrale des Architectes
Correspondant de la Société des Architectes de l'Aisne
Lauréat du Concours ouvert par la Société industrielle de Mulhouse
pour la construction de bâtiments incombustibles.
Membre titulaire de la Société Philomatique de Verdun
Membre du Jury de l'Exposition internationale de Paris,
contre les incendies de Théâtres.

PARIS

ANDRÉ, DALY FILS ET Cⁱᵉ
ÉDITEURS
ANCIENNE MAISON DUCHER & Cⁱᵉ
51 — Rue des Écoles — 51

1888

L'INCENDIE

DE L'OPÉRA-COMIQUE

DE PARIS

ET

LE THÉATRE DE SURETÉ

L'INCENDIE

DE L'OPÉRA-COMIQUE

DE PARIS

ET

LE THÉATRE DE SURETÉ

PAR

P. CHENEVIER

Architecte départemental à Verdun
Membre de la Société centrale des Architectes
Correspondant de la Société des Architectes de l'Aisne
Lauréat du Concours ouvert par la Société industrielle de Mulhouse
pour la construction de bâtiments incombustibles.
Membre titulaire de la Société Philomatique de Verdun
Membre du Jury de l'Exposition internationale de Paris,
contre les incendies de Théâtres.

PARIS

ANDRÉ, DALY FILS ET Cie

ÉDITEURS

ANCIENNE MAISON DUCHER & Cie

51 — Rue des Écoles — 51

—

1888

MEMENTO

L'Incendie de l'Opéra-Comique

Le Théâtre de sûreté

L'INCENDIE

DE L'OPÉRA-COMIQUE

DE PARIS

UN PEU D'HISTOIRE

Avant d'être installé, en 1783, dans l'édifice qui précéda celui qui vient d'être détruit par l'incendie du 25 mai 1887, l'opéra-comique ne différait guère du vaudeville, comme genre, que par l'importance accordée à la musique dans les ouvrages auxquels il a donné son nom, et il débuta modestement au théâtre de la Foire, sur la petite scène duquel les comédiens italiens jouaient des pièces entremêlées d'ariettes.

Encouragé bientôt par la faveur avec laquelle il était accueilli des spectateurs, il voulut faire une part plus large encore à la musique et prit définitivement possession de l'hôtel de Bourgogne, en 1716, avec un succès qui suscita la jalousie des comédiens du théâtre Français et d'une autre troupe italienne dont les intrigues réunies aboutirent à l'interdiction du chant sur la nouvelle scène.

Après une longue période de luttes, au cours desquelles les artistes se défendirent avec esprit et trouvèrent même le moyen de parodier avec des marionnettes le jeu et les pièces des acteurs de la Comédie-Française, qui était restée leur ennemie, le théâtre fut fermé en 1724.

Favart obtint à cette époque le privilège de l'Opéra-Comique, mais le succès définitif du théâtre ne s'affirma qu'à partir de 1762, lorsque la fusion de la troupe d'Opéra avec celle de la Comédie-Italienne fut opérée. L'Opéra-Comique ne tarda même pas à faire oublier complètement la troupe étrangère, de nom seulement, qui avait cependant cru facile de triompher de ses concurrents en s'appropriant leur public et, comme la salle de l'hôtel de Bourgogne où s'étaient établis les acteurs de la Comédie-Italienne tombait en ruines, on choisit l'emplacement de l'hôtel de Choiseul pour y construire un édifice de vastes dimensions qui put recevoir un plus grand nombre de spectateurs.

Les travaux furent entrepris, en mars 1781, sur les dessins de l'architecte *Heurtier* et, en avril 1783, la Comédie-Italienne, improprement nommée puisqu'on n'y représentait plus que des pièces françaises, prit possession de la nouvelle salle sous les auspices de Favart qui lui donna son nom.

On y joua, pour la première fois, l'année suivante : (1784) *Richard Cœur de Lion*, opéra comique de Grétry qui est resté jusqu'ici au répertoire et dont la partition complète a pu être sauvée du dernier incendie.

Le nouveau théâtre fût plutôt connu sous le nom d'*Italiens* qui ne tarda pas à prédominer et s'appliqua ensuite, par extension, au boulevard voisin et à la place qui porte aujourd'hui le nom du compositeur Boïeldieu.

La salle Favart, comme on l'appelle encore quelquefois, était adossée à l'ancien hôtel de Choiseul, dont la façade donnait sur le boulevard. La famille de Choiseul, représentée par Mme la duchesse de Marmier, avait même conservé, dans le théâtre qui vient d'être brûlé, une loge, avec escalier spécial, dont la propriété s'est transmise intacte depuis cette époque.

C'est l'escalier Marmier, construit tout en fer, dont il a tant été question pendant les débats du procès de l'Opéra-Comique.

A la suite d'une rivalité avec le théâtre Feydeau, laquelle devint funeste aux deux entreprises, les salles furent fermées en 1801. L'Opéra-Comique rouvrit ensuite à la salle Feydeau, en 1806, après fusion des deux troupes ; mais il dut émigrer encore à l'Odéon, puis à la salle Ventadour, par suite de l'incendie de la salle Favart qui fut presque entièrement détruite en 1838.

Immédiatement reconstruit, sur les plans de M. Carpentier, le nouveau théâtre fût ouvert — sous le nom d'Opéra-Comique qu'il a gardé depuis — le 16 mars 1840, avec le *Pré-aux-Clercs*, d'Hérold, suivant certains auteurs, et d'après M. *Victor Fournel*, le 25 mai 1840, par une pièce de Scribe, Saint-Georges et Auber, intitulée : *Zanetta, ou il ne faut pas jouer avec le feu.*

Or, comme l'incendie le plus récent date du 25 mai 1887, la salle aurait donc duré juste *quarante-sept ans.*

Toutes les notices du temps publiées sur le nouveau théâtre répétaient, paraît-il, à l'envi qu'on l'avait bàti en fer et pierre afin de le mettre « *à l'abri de l'incendie.* »

L'expérience de 1887 a malheureusement montré que sa construction n'avait pu le sauver d'un désastre.

Cependant, l'édifice avait été reconstruit sur son ancien emplacement et déjà, en 1783, on avait pu constater l'insuffisance de la scène et de ses dépendances pour un personnel qui, à cette époque ne comptait que 60 artistes. En 1838, leur nombre était arrivé à 250 ; enfin, l'Opéra-Comique, au moment du sinistre, occupait 450 artistes et employés.

Ce personnel si considérable était obligé de se mouvoir dans un espace de 270 mètres carrés, déjà notablement réduit par les décors et accessoires de la scène dont les dépôts envahissaient jusqu'aux couloirs, de telle sorte que les dégagements étaient encombrés la plupart du temps et que le passage restant libre était devenu absolument insuffisant.

La salle pouvait contenir 1,800 places distribuées en quatre étages de galeries. Elle était considérée comme l'une des plus commodes et des plus élégantes de Paris. L'acoustique y était des meilleures, et les proportions générales de l'édifice, dans la partie réservée aux spectateurs, ainsi que les pièces du répertoire très varié de cette scène en faisaient l'un des théâtres les plus aimés du public et l'un des plus agréables à fréquenter.

On peut dire que, depuis 1840, les plus grands artistes du genre ont chanté à l'Opéra-Comique, et il n'est pas possible d'énumérer ici tous les chefs-d'œuvres qu'on y a donnés.

L'art musical, essentiellement français, s'y est affirmé et développé pendant près d'un demi-siècle, et son répertoire si varié, si charmant et si fin a pu retenir et satisfaire la majorité du public qui demande à la musique des sensations agréables et simples plutôt que des émotions tragiques ou des entraînements passionnés.

Depuis 1840, l'Opéra-Comique a eu cinq directeurs dont le premier fut M. Crosnier, l'ancien directeur de la Porte Saint-Martin. En 1845, il fut remplacé par M. Basset.

Vinrent ensuite : M. Perrin, de Février 1848 à Novembre 1857; M. Beaumont, de 1857 à Janvier 1862 ; M. Perrin, pour la seconde fois, de Janvier à Décembre 1862; MM. Leuven et du Locle, de 1862 à 1880, et enfin M. Carvalho.

L'Opéra-Comique recevait une subvention annuelle de l'État de 300,000 francs.

Le prix de location de la salle, qui était de 70,000 francs en 1840, fut porté à 115,000 francs en 1862, et à 135,000 francs en 1870; mais, sur la plainte de la direction qui trouvait cette location trop élevée, M. le Ministre des Beaux-Arts la réduisit, en 1879, à 105,000 francs.

Depuis le 1er Octobre 1887, l'Opéra-Comique, administré provisoirement par M. J. Barbier, est installé temporairement dans l'ancien théâtre Lyrique. Il a recommencé ses représentations avec la même troupe qu'avant l'incendie, en utilisant les décors restant en magasin dans les bâtiments de la place Louvois et les partitions musicales sauvées du désastre.

Avant d'arriver au récit de l'incendie, il est nécessaire de rappeler la question faite à la Chambre dans la séance du 12 mai 1887, c'est-à-dire 13 jours avant la catastrophe, par M. Steenackers, député de la Haute-Marne, et la réponse de M. Berthelot, alors Ministre de l'Instruction publique et des Beaux-Arts.

Ce débat public, devant une Assemblée nationale, appartient maintenant à l'histoire de l'incendie de l'Opéra-Comique, et il nous a paru intéressant d'en donner au moins l'esprit par quelques extraits :

« M. Steenackers. — Messieurs, j'ai prévenu M. le Ministre de l'Instruction publique
« et des Beaux-Arts du désir que j'avais de lui poser une question au sujet d'un de
« nos théâtres nationaux. Il s'agit de l'Opéra-Comique, c'est-à-dire de la scène la plus
« suivie, la plus populaire, je pourrais même dire une des plus aimées du public
« parisien.

« La salle de l'Opéra-Comique, je me hâte de le dire, offre à tous les spectateurs
« indistinctement, les garanties les plus sérieuses d'un prompt écoulement en cas
« d'incendie, grâce au triple débouché de la place Boïeldieu, de la rue de Marivaux et
« de la rue Favart; mais la sécurité n'est pas du tout la même pour le personnel du
« théâtre, et la disposition de la scène, adossée à un immeuble particulier, mettrait ce
« personnel dans la situation la plus critique si, dans un danger pressant il fallait lui
« porter un secours immédiat.

« Dans cet espace restreint — la scène — en cas de sinistre, le danger se présen-
« terait sous deux faces aussi terribles à envisager l'une que l'autre :

« Dans le premier cas, le feu peut se déclarer pendant que tout le monde ou presque
« tout le monde est en scène.

« Or, si le personnel voulait fuir, l'on ne trouverait comme issue qu'une porte
« donnant sur un escalier tortueux aboutissant à un couloir, à une sorte de boyau par

« lequel se précipiteraient, de leur côté, les musiciens de l'orchestre avant de
« déboucher sur la rue.

« Dans le second cas, c'est-à-dire si le feu se manifestait pendant un entr'acte, alors
« que tous les artistes, les choristes, les danseuses, les figurants, les habilleuses sont
« dans les loges, **le désastre serait effroyable**.

« Le Bâtiment de la scène comporte sept étages de bureaux, de magasins, d'ateliers
« et de dépôts.

« Eh bien, ces sept étages ne sont réliés entre eux, au-dessus des cintres, que par
« deux ponts de bois suspendus, larges de 60 centimètres. Si le feu prenait sur la scène,
« je n'ai pas besoin de dire que ces ponts de bois seraient les premiers la proie des
« flammes, et ne serviraient absolument à rien. De plus, les bâtiments sont desservis,
« de chaque côté du théâtre, par un escalier de 170 marches, qui n'a pas toujours
« 1 mètre de large, et dont la pente, au 6e et 7e étages, est vertigineuse.

« Ces escaliers, dont l'un est en bois, feraient en cas d'incendie, l'office de cheminée
« d'appel, et comme dans les théâtres le feu se propage avec une rapidité effrayante, il
« est facile de se rendre compte du sort réservé à des malheureux affolés par la panique
« qui chercheraient à fuir par ces escaliers, s'y entasseraient, s'y écraseraient et
« seraient à coup sûr asphyxiés par la fumée avant d'être carbonisés par les flammes.

« M. Leydet. — Il en est absolument de même pour le public dans tous les théâtres
« de Paris.

« M. le Ministre de l'Instruction publique et des Beaux-Arts. — L'honorable
« M. Steenackers, se préoccupant des dangers que pouvait présenter cette situation,
« avait absolument le droit de les étudier et de faire une enquête sur place.

« Je répète que cette situation est tout à fait dangereuse, et il est positif que si le feu
« se déclarait dans l'Opéra-Comique — et cette éventualité est malheureusement presque
« certaine dans un temps donné... (Exclamation en sens divers.)

« Permettez. Il n'est aucun théâtre qui n'ait brûlé, et même plusieurs fois, dans
« l'espace d'un siècle. C'est un fait de statistique; par conséquent, nous pouvons con-
« sidérer comme probable que l'Opéra-Comique brûlera... (On rit). J'espère toutefois
« que ce sera le plus tard possible.

« Dans la situation actuelle, si l'incendie se produisait pendant le cours d'une
« représentation, ce serait une catastrophe. C'est là une responsabilité grave, une
« éventualité qui mérite au plus haut degré d'attirer l'attention du Gouvernement
« et du Parlement. »

L'INCENDIE

L'affiche de la représentation du 25 mai 1887, à l'Opéra-Comique, annonçait deux ouvrages :

LE CHALET, avec MM. Cobalet, Bertin et Madame Molé pour interprètes, et MIGNON, avec la distribution suivante :

W. Meister............... MM.	MOULIERAT.
Laërte......	SOULACROIX.
Lothario...............	TASKIN.
Jarno	BERNARD.
Frédéric..............	BARNOLT.
Antonio	DAVOUST.
Mignon .... Mmes	SIMONNET.
Philine................	MERGUILLIER.

Le spectacle avait commencé à sept heures et quart.

A huit heures et demie, au moment de l'ouverture de *Mignon*, la salle était entièrement garnie de spectateurs (1,600 environ), et, vu l'importante figuration du premier acte, tout le personnel d'artistes, de choristes et de danseuses se pressait sur la scène.

Il était neuf heures moins cinq, au moment ou *William Meister* venait de chanter cette phrase :

> *Ici pouvais-je prévoir*
> *Cette bizarre aventure,*

à laquelle Mlle *Simonnet (Mignon)* avait commencé de répondre par cette prière :

> *Dieu protège la créature.*

lorsque tout-à-coup, une herse située un peu en arrière de la draperie rouge qu'on appelle *manteau d'arlequin*, du côté gauche des spectateurs, et rapprochée imprudemment d'un plafond flottant du « *Roi malgré lui* » carbonisa d'abord en grésillant et enflamma bientôt la décoration — ou son filet effrangé, on n'est pas d'accord sur ce point — dont quelques débris en feu vinrent tomber, sur la scène, au pied des artistes.

Les choristes, dont plusieurs avaient déjà remarqué le recroquevillement inquiétant du lambeau déchiré et son contact avec le grillage de la herse, portèrent immédiatement leurs regards sur le point des frises ou le feu venait de se déclarer, et une rumeur confuse s'éleva de tous les points de la salle tandis qu'une émotion bien naturelle s'emparait du personnel de la figuration et des chœurs.

M. *Taskin*, s'avançant alors sur le devant de la scène pendant que, suivant sa propre expression, « la pluie d'or » continuait.

« *Ne vous effrayez pas*, dit-il au public, *un incendie vient de « se déclarer, mais il n'a pas de gravité; conservez votre calme.* »

M. *Bernard*, régisseur, se joignit à son camarade dans le but d'éviter une panique et s'occupa immédiatement de la sortie des artistes.

Mlle *Simonnet* finissait en même temps de chanter, bien que l'émotion de la salle entière eut gagné l'orchestre dont les instrumentistes s'arrêtaient un à un.

Et tout ce monde, tenant les yeux fixés sur la tache flamboyante, attendait anxieusement que l'eau, commençant à pleuvoir sur la scène, annonçât que le feu était attaqué dans les frises et qu'on avait des chances de s'en rendre maître [1].

---

[1] Le service d'incendie comprenait pour chaque représentation : 1 sergent, 2 caporaux et 5 sapeurs pompiers. L'escouade avait à sa disposition pour combattre le feu: 38 établissements comprenant chacun un tuyau de cuir de 16 mètres de long, une lance et un robinet, — 8 de ces établissements étaient situés sur la scène.

Cependant, dès la chute de la première étincelle un assez grand nombre de spectateurs avaient quitté leur place et gagné facilement la rue. La plupart, en passant aux vestiaires, réclamaient leurs effets que certains employés refusaient de délivrer, assurant que c'était une fausse alerte, qu'aucun danger n'était à craindre et que la représentation allait continuer.

La grande masse du public avait confiance; rassurée par la déclaration de M. Taskin, elle gardait ses places et comptait que l'incendie n'aurait pas plus de gravité que ceux dont l'extinction est opérée presque journellement sur la scène de tous les théâtres de Paris.

Ce fut donc avec un sentiment subit d'épouvante qu'on vit tomber des cintres un gros lambeau de toile enflammée et qu'enfin, tout un chassis de décoration s'abattit avec fracas sur la scène.

Au même moment, la fumée envahit brusquement la partie supérieure de la salle et les premières flammes, attirées par l'aspiration de la cheminée du lustre, s'élancèrent léchant les draperies des loges d'avant-scène et le plafond.

A partir de cet instant, c'est une débâcle irrésistible, une fuite affolée des artistes et du public qui se précipitent en masse vers toutes les issues.

Du côté de la salle, les musiciens enjambant la cloison de l'orchestre cherchent à gagner la rue; les loges se dégarnissent, les galeries se vident rapidement et l'amphithéâtre lui-même, si dangereux au point de vue des incendies de théâtres, est évacué méthodiquement sous la direction du garde municipal *Mathé*, dont le dévouement à faire exécuter sa consigne, la présence d'esprit et le sang froid doivent être signalés.

Pendant ce temps, malgré la presse et la bousculade des escaliers, la sortie s'opérait assez régulièrement; on pouvait même espérer n'avoir que des pertes matérielles à subir, quand tout à coup, le gaz s'éteignit et la salle fut immédiatement plongée dans une profonde obscurité.

L'éclairage de sûreté prescrit pour les couloirs existait bien [1], mais il était insuffisant pour se diriger au milieu de la fumée qui avait envahi rapidement les escaliers et les couloirs par les portes des loges laissées ouvertes [2].

En somme, la salle s'était vidée presque complètement et si quelques spectateurs, terrassés par l'émotion ou suffoqués par les tourbillons de fumée asphyxiante, sont demeurés à leur place, c'est une consolation, au milieu de ces tristesses, de savoir qu'ils n'ont pas eu à subir vivants les horribles atteintes de la flamme. Ses langues ardentes n'ont pu atteindre que des cadavres asphyxiés par les gaz délétères ou frappés instantanément par ce que le médecin légiste a appelé « *le coup de chaleur* ».

Les drames les plus poignants ont eu les escaliers et les dégagements pour théâtre. Dans ce dédale obscur ou confusément éclairé par une pâle lueur d'incendie, la foule, aveuglée par la fumée, cherchait à l'aventure des voies de salut: s'élançant au hasard; s'efforçant de trouver les escaliers; s'égarant dans des pièces sans issue, comme la buvette des deuxièmes loges où, sourdes aux exhortations du garde républicain de service qui les engageait à sortir, vingt-trois personnes — dont une ouvreuse — ont trouvé la mort; ou bien encore, la vague humaine trouvant obstruée la porte de l'escalier de secours de la rue Marivaux, refluant aux étages supérieurs et venant tomber mourante à quelques pas de baies extérieures qu'elle n'avait pu reconnaître ou qu'elle ne se sentait plus la force de franchir.

---

[1] Il comprenait 9 lampes dans la salle et 36 dans les couloirs et escaliers.

[2] Des constatations opérées après le sinistre ont d'ailleurs montré que les lampes de sûreté distribuées dans tout le côté de l'édifice vers lequel la fumée était chassée par le vent, n'avaient pu brûler dans cette atmosphère délétère et qu'elles s'étaient éteintes rapidement faute de trouver une provision d'oxygène suffisante pour alimenter leur combustion.

La situation des spectateurs était particulièrement horrible aux quatrièmes, car la flamme, violemment attirée par l'afflux d'air s'engouffrant dans les portes des loges, léchait déjà le bord de l'appui des galeries avant que tout le monde eut quitté sa place. Malgré ces conditions défavorables, le public avait, tant bien que mal, gagné les escaliers et descendu deux étages — au milieu de la fumée venant de la partie supérieure de la salle — quand, parvenu à cette hauteur, une énorme bouffée d'air vicié par les flammes arriva d'en bas, prenant ainsi le public entre deux courants mortels. Immédiatement alors toutes les personnes qui descendaient l'escalier s'affaissèrent suffoquées par les gaz délétères et restèrent inanimées sur les marches.

Après quelques instants de tumulte, les appels et les cris cessèrent; le silence avait succédé à ces bruits horribles de victimes aux prises avec la mort, et la sinistre fumée, de plus en plus épaisse et empoisonnée, achevait son œuvre en recouvrant les galeries supérieures de la salle comme d'un suaire qui cachait les cadavres.

Du côté de la scène la situation n'était moins grave. Après avoir successivement essayé de déployer son établissement et ensuite de faire tomber le décor enflammé, avec l'aide des machinistes, le pompier de service, aveuglé par la fumée et menacé par l'embrasement subit de toutes les décorations qu'on avait agitées en essayant d'isoler la frise en feu, se trouvait forcé de battre en retraite sans avoir jeté une seule goutte d'eau.

Les artistes qui étaient en scène au moment de l'alerte avaient réussi assez facilement à gagner la rue. Malheureusement, quelques choristes et figurants eurent la funeste pensée de remonter dans les étages supérieurs pour chercher leurs effets; mais quand ils voulurent descendre, l'escalier en flammes leur barrait toute retraite et l'accès de l'étage supérieur, au niveau duquel se trouvait l'entablement extérieur garni d'un garde-corps sur lequel ils auraient pu se réfugier, leur était devenu également impossible.

Ils durent s'enfermer dans leurs loges avec des habilleurs qui s'étaient réfugiés près d'eux, et attendre, de l'extérieur, des secours qu'il était bien difficile de faire parvenir à cette hauteur.

Malgré tout, un certain nombre d'entre eux furent sauvés, grâce à leur énergie peu commune, et quelques-uns seulement se tuèrent en sautant dans la rue. Un seul resta dans une loge où les pompiers le trouvèrent évanoui, et il dut la vie à une syncope prolongée qui, arrêtant presque entièrement les fonctions de la respiration, lui avait permis de n'absorber qu'une très petite dose d'air vicié.

Les danseuses occupaient au sixième étage, sur la rue Favart, une loge dont la fenêtre était garnie de barreaux en fer. Elles ne furent pas aussi heureuses que les figurants, car trois dames du ballet périrent avec une de leurs habilleuses, dans la loge même, après avoir refusé, dans leur affolement, d'écouter les conseils de l'employé d'un bureau voisin de leur loge qui les adjurait de le suivre et qui a pu prendre heureusement la voie de retraite qu'il leur indiquait.

Deux autres danseuses : Mme Varnout, la femme du chef machiniste et Mlle Assailly, n'hésitèrent pas à s'élancer au travers des flammes de l'escalier. Elles allaient périr, quand M. Varnout parvint à saisir, au milieu de la fumée, une femme qu'il crut la sienne et qu'il emporta jusqu'à la rue, au prix de cruelles blessures.

Alors seulement, il s'aperçut que c'était Mlle Assailly qu'il avait sauvée, tandis que Mme Varnout restait dans l'édifice incendié où il fut, dès ce moment, impossible de pénétrer pour entreprendre de nouvelles recherches.

Mais le danger le plus grand menaçait les costumières, dont les ateliers et les magasins avaient été disposés il y a quelques années dans les combles.

Surprises au dernier moment par les lueurs de l'incendie, alors qu'il avait déjà envahi la plus grande partie de la scène, il leur était devenu impossible de songer à la retraite par les escaliers des artistes, auxquels leur atelier n'aboutissait que par un long couloir déjà rempli de fumée, et elles durent se réfugier dans le chéneau qui longeait la toiture du bâtiment. Puis quelques-unes, sous la conduite de leur maîtresse, Mlle Thomas, dont le sang-froid leur sauva la vie, se laissèrent glisser, en affrontant mille périls, sur la corniche du sixième étage, bien qu'elle fut dépourvue de garde-corps. Les autres gagnèrent le faîte de la toiture, et de là, elles furent assez heureuses pour atteindre la maison qui séparait le théâtre du boulevard.

L'incendie avait envahi le monument avec une rapidité extraordinaire en gagnant le magasin de costumes par les greniers.

Toute la partie supérieure du théâtre brûla d'abord; puis, peu à peu, les façades restées obscures s'éclairèrent à leur tour de lueurs sinistres et les flammes jaillirent par les fenêtres.

A dix heures, un fracas épouvantable avertit que la toiture ainsi que la calotte de la salle viennent de s'effondrer et une immense gerbe de feu s'élance pour retomber ensuite en flammèches que le vent emporte à de très grandes distances.

A onze heures, l'incendie est dans son plein et 200,000 personnes se pressent aux alentours du monument pour contempler le désastre avec ses horreurs et frissonner devant la sauvage beauté des énormes jets de flammes dont le rayonnement formidable illumine tout Paris.

Dès la première alerte donnée par l'avertisseur électrique du théâtre, l'état-major des pompiers avait envoyé sur le lieu du sinistre toutes les pompes à vapeur et le matériel d'incendie disponibles.

La première pompe à vapeur arrivait un quart d'heure environ après, et bientôt le régiment complet était réuni sous les ordres de son commandant, le colonel Coustou.

Guidés par leurs officiers, les sapeurs se montrèrent admirables de sang-froid, d'adresse, de courage et de dévouement; ils se multiplièrent pour concourir au sauvetage des malheureux que les flammes cernaient dans les parties hautes du monument, sur la corniche et même sur le faîte de la toiture.

Pour la première fois, les grandes échelles de 24 mètres de hauteur étaient développées et leur précieux concours permettait d'arracher de nombreuses victimes à la mort [1].

Le total des sauvetages opérés par les pompiers s'élève en effet à plus de deux cents, et le chiffre donné par leur Colonel est certainement plutôt en deçà qu'au delà de la réalité.

Leur rôle ne pouvait d'ailleurs se borner qu'à ces missions périlleuses, car l'intensité du foyer d'incendie était telle que l'action des pompes les plus puissantes y devenait presque nulle.

Il ne leur restait donc qu'à protéger les maisons contiguës au théâtre contre la propagation de l'incendie.

Vers une heure du matin, la part du feu était faite et l'ardeur du brasier diminuait bientôt, toutes les parties combustibles de la scène et de la salle ayant été dévorées.

Nous avons parlé tout à l'heure de la panique terminée brusquement, à l'intérieur du monument, par l'envahissement de la fumée et le silence.

---

(1) Le service d'ordre était des plus complets :

M. le Général *Saussier*, Commandant la place de Paris, s'est tenu sur les lieux avec M. *Gragnon*, Préfet de police, et M. *Caubet*, Chef de la police municipale. MM. *Goblet*, Président du Conseil des Ministres, et le Général *Thibaudin*, Commandant de la défense de Paris, étaient également présents, puis MM. *Clément* et *Taylor*, Chef de la police de sureté; les États-Majors des Sapeurs pompiers et de la Garde républicaine; MM. *Bernard*, Procureur de la République, *Bouchez*, Procureur général, et *Guillot*, Juge d'instruction.

Dès la nouvelle de l'incendie, M. *Grévy*, Président de la République, avait également envoyé un des officiers de sa maison militaire, avec mission de le renseigner sur l'étendue de la catastrophe et sur ses causes.

Il nous faut rappeler maintenant les péripéties de la catastrophe vue du dehors.

A neuf heures, personne ne s'était encore aperçu du sinistre. Ce fut un passant qui donna l'alarme chez la concierge du théâtre.

Au même moment, quelques spectateurs fuyaient déjà et de légers nuages de fumée, s'échappant des fenêtres ouvertes sur la rue Marivaux, avaient éveillé des craintes.

Tout-à-coup, en moins de temps qu'il n'en faut pour le dire, la porte des artistes s'ouvrit brusquement et une foule de figurants en costume se précipitèrent dans la rue en criant : « au feu! »

Les balcons de pierre du deuxième étage se garnirent aussitôt de nombreux spectateurs, en toilette de soirée, poussant des cris déchirants et implorant des secours.

Pendant ce temps, un public affolé sortait en toute hâte sur la place Boïeldieu et s'enfuyait dans toutes les directions en donnant les marques de la plus profonde terreur et, du balcon de la verandah, au premier étage, partaient des clameurs d'angoisses et des appels de femmes.

La foule s'assembla bientôt devant le théâtre et quelques hommes courageux pénétrèrent dans l'édifice déjà envahi par la fumée. Le sauvetage dans les escaliers et les dégagements fut commencé immédiatement par eux, tandis que dans la rue des jeunes gens, avec beaucoup de sang froid et d'adresse, élevaient des échelles pour arriver jusqu'aux balcons dont les spectateurs étaient isolés de la rue, par la marquise de verre qui entourait l'édifice.

Tous ces préparatifs avaient duré quelques minutes à peine, et de nombreuses femmes blessées ou évanouies avaient déjà été mises en sûreté hors du théâtre, lorsque les pompiers arrivèrent avec leur matériel et prirent la direction du service de secours.

En même temps, une forte brigade de gardiens de la paix

refoulait la quantité immense de curieux assemblés en aussi peu d'instants et dégageait tous les abords du théâtre.

C'est à ce moment que la flamme commence à sortir des combles et sa lueur sinistre éclaire alors les malheureux qui se sont réfugiés sur la corniche à hauteur du sixième étage.

Quelques-uns, pris de vertige, s'écrasent sur le trottoir après s'être déchirés horriblement en traversant les verres de la marquise.

D'autres, plus heureux, sont descendus par les grandes échelles aux applaudissements de la foule qui acclame ces braves petits soldats dont les casques brillent aux endroits les plus dangereux. Malgré la flamme et la fumée, ils fouillent le théâtre au péril de leur vie et conservent l'espoir d'arracher encore quelques victimes à l'horrible brasier dont la violence augmente à chaque instant.

Le sang-froid des principaux artistes avait évité l'affolement de leurs camarades, et tout le personnel qui était en scène au moment de l'alerte avait pu gagner la rue sans accident ; mais ceux qui étaient restés les derniers pour rassurer le public durent lutter contre l'incendie qui menaçait de leur couper toute retraite.

Ainsi, M. Taskin se rendit dans le cabinet du Directeur pour en sauver les papiers importants, mais quand il voulut remonter dans sa loge, l'escalier était déjà en flammes. Force lui fut de rétrograder et de s'enfuir par l'escalier particulier de M. Carvalho, en enfonçant la porte de la rue qui était fermée.

M. Soulacroix, s'échappa par la fenêtre de sa loge, à l'aide d'une corde à nœuds qui était conservée dans une armoire, et qui avait été achetée en commun, par MM. Talazac et Grivot, en prévision d'un incendie du théâtre.

Enfin, M. Noël, secrétaire général de l'Opéra-Comique, apprenant l'incendie monta aussitôt sur la scène, téléphona à M. Carvalho qui était absent, fit enlever la caisse du théâtre et gagna la rue après avoir encore mis en lieu sûr, entre autres papiers, tous les engagements des artistes.

LE LENDEMAIN

Le jour naissant du 26 mai éclaira le spectacle lugubre de l'édifice éventré et fumant qui abritait, la veille encore, la deuxième scène lyrique de Paris et qui était resté, pendant de longues années, l'un des cénacles étincelants de l'art musical français.

Il permit de mettre un peu d'ordre dans l'enchevêtrement inextricable des appareils d'incendie, compliqué des objets qu'on avait sortis à la hâte du théâtre pour en opérer le sauvetage, et il rendit apparente toute la grandeur du désastre.

La recherche des victimes avait continué sans interruption, pendant la nuit ; mais, pour donner un peu de sécurité aux sauveteurs, une armée de charpentiers commença dès trois heures du matin l'étaiement des maçonneries qui menaçaient de s'écrouler à chaque instant.

On put alors pénétrer dans quelques parties du théâtre et la sinistre besogne continua, laissant découvrir à chaque pas de nouveaux cadavres.

On éprouvait aussi des craintes au sujet de l'anéantissement des partitions d'opéras déposées à l'Opéra-Comique. Cette perte, quoique toute matérielle, eut été considérable au point de vue de l'art, et la destruction de certains manuscrits devenait irréparable.

L'incendie avait cependant respecté cette partie du théâtre, mais l'immense quantité d'eau qui s'était accumulée dans le cabinet de M. Danbé faisait craindre un effondrement dont les conséquences eussent été aussi préjudiciables que l'action du feu.

Le chef d'orchestre qui avait déjà pu, la veille, sauver quelques ouvrages renfermés dans un placard placé sous la scène, réussit à pénétrer dans son cabinet dans la matinée, et bientôt tous les ouvrages du répertoire, passés de main en main par les pompiers qui faisaient la chaîne, furent mis en sûreté. On parvint même, en brisant une porte de communication, à retrouver intacts les instruments et les pardessus des musiciens dont aucun, d'ailleurs, n'avait été blessé, sauf un contrebassiste qui s'était obstiné à rentrer dans l'orchestre pour sauver sa contrebasse et qui fut atteint par des débris de poutres enflammées.

En même temps le déblaiement de l'intérieur du théâtre commençait. On y travailla huit jours et sept nuits sans interruption et nous donnerons une idée de l'importance des débris accumulés en rappelant simplement que 2,464 mètres cubes de matériaux divers, pesant approximativement 3,446,000 kilos, furent transportés aux décharges publiques.

Nous ne raviverons pas des souvenirs pénibles pour tout le monde en parlant longuement de l'exposition des victimes ; des scènes déchirantes dont la reconnaissance des restes carbonisés fut l'objet ; et enfin, des obsèques solennelles auxquelles toute la population de Paris s'associa par un mouvement spontané de sympathique émotion.

Nous ne dirons également qu'un mot du magnifique élan de charité qui fit affluer de tous les points du pays, et même de l'étranger, les offrandes les plus généreuses et les plus nombreuses dans la caisse ouverte au profit des incendiés de l'Opéra-Comique. Les recettes ont dépassé, paraît-il, le chiffre de 700,000 francs et elles ont réussi, du moins, à mettre à l'abri de la misère un certain nombre d'intéressantes familles dont le chef et le gagne pain avaient à jamais disparu.

Parmi ceux qui ont surtout laissé tomber leur obole dans le courant de charité créé par ce désastre, il faut donner une place spéciale aux artistes. Les plus grands comme les plus humbles, ont, par une admirable pensée de sympathie et de solidarité, mis leur talent à la disposition des organisateurs de soirées musicales ou dramatiques dont le produit a dû contribuer, pour une large mesure, à soulager bien des infortunes.

Les artistes étrangers, dont plusieurs avaient offert leur concours, ont également droit à la gratitude de tous ceux qui ont déploré ce malheur et ont souffert de ses conséquences irréparables.

Il nous reste, pour terminer cette courte et incomplète notice, à donner le funèbre total des morts et des blessés.

Il résulte des constatations officielles que 84 personnes ont été victimes de l'incendie dans le théâtre, et que 4 sont mortes, chez elles, des suites de leurs blessures. Si l'on ajoute à ce total le montant des disparus s'élevant à 27, d'après la Préfecture de police, mais dont plusieurs ont été retrouvés depuis, on arrive au nombre approximatif de 110 victimes.

On a renoncé, d'ailleurs, à fixer un chiffre définitif, parce que plusieurs des restes carbonisés, extraits du théâtre, n'ont pu être reconstitués en corps complets, et que la violence de l'incendie, dont la température dépassait 2,000 degrés, d'après les constatations faites par M. le docteur Brouardel, a pu réduire complètement en cendres certains cadavres dont on n'aurait retrouvé aucune trace dans les décombres.

Quant aux blessés, leur nombre est encore plus difficile à déterminer, mais on peut l'évaluer au moins à une centaine ; car, indépendamment des blessures qui n'ont pas empêché les spectateurs sortant du théâtre de rentrer ou de se faire transporter chez eux, les 200 sauvetages opérés par les pompiers n'ont pu été effectués sans contusions ni écorchures plus ou moins graves dont les victimes, trop heureuses d'avoir la vie sauve, n'ont pas songé à se plaindre.

Les dégâts causés par l'incendie ont été évalués très sommairement à 2,500,000 fr. pour l'immeuble et 1,500,000 fr. pour le matériel. Ils étaient couverts par quinze compagnies d'assurances [1].

On remarquera que nous nous sommes borné à une simple description de l'incendie et que nous avons évité de nous prononcer sur les causes du désastre autres que celle relative à la herse qui a enflammé la première décoration.

Cet examen exigeait des développements qui eussent été hors de proportion avec l'importance de la courte notice que nous nous étions proposé de publier.

Laissant de côté les questions discutables touchant l'édifice disparu, nous avons préféré décrire, pour former antithèse avec la destruction de l'Opéra-Comique, un théâtre idéal de sûreté dont la distribution intérieure a été étudiée spécialement au point de vue de la sécurité des spectateurs ainsi que de la résistance de la construction aux risques d'incendie et dont les dispositions bénéficieront de la dure expérience qui vient d'être acquise au prix de tant de ruines et de larmes.

---

(1) A la suite d'une décision prise par le Gouvernement, les ruines de l'Opéra-Comique ont été complètement démolies et il ne plus reste actuellement que l'emplacement de l'édifice dont la reconstruction est à l'étude.

UN THÉATRE DE SURETÉ

CONTRE L'INCENDIE

QUELQUES MOTS D'EXPLICATION

On appelle théâtre, d'après la définition des dictionnaires, un lieu où l'on donne des représentations dramatiques. Les derniers incendies de ces édifices ont montré que les drames qui s'y passent ne sont pas toujours fictifs et que, sur la scène comme dans la salle, chacun est exposé à jouer son rôle dans une tragédie où les larmes ne sont pas feintes et les victimes — heureuses de venir recevoir les applaudissements du public dès que le rideau est tombé.

Il faut même que l'opinion publique ait été profondément remuée par les dernières catastrophes de ce genre pour qu'il soit encore possible, six mois après l'incendie de l'Opéra-Comique, de venir parler de la sécurité du public dans les théâtres sans s'exposer à ne rencontrer qu'une indifférence dédaigneuse basée sur l'oubli d'un danger qu'on a repris l'habitude d'affronter tous les jours.

Et d'ailleurs, n'est-il pas bien étrange d'être obligé de mettre les habitués des théâtres en pareille défiance, quand il semble que non-seulement toute crainte, mais même toute préoccupation de péril devrait être bannie de ces temples de l'art, sous peine d'en chasser à jamais le public qui vient y chercher de délicates jouissances musicales ou littéraires? Ne peut-on pas craindre enfin, par ces mesures défensives, de paralyser tout abandon et par suite toute émotion communicative des artistes, dont la liberté d'esprit ne serait plus jamais assez entière pour traduire complètement la pensée des Maîtres qu'ils ont mission d'interpréter ?

Les statisticiens ont beau dire que le péril n'existe que peu ou point dans les théâtres ; que les accidents y sont incomparablement moins nombreux que dans la rue, par exemple, ou même au coin du feu ; l'esprit public reste surexcité par le récit des horreurs de la mort qui vous guette dans ces lieux de plaisir et ne peut admettre qu'on assimile brutalement les victimes souriantes et parées de ces catastrophes, si soudaines et si navrantes, avec le contingent annuel des morts fournis par les épidémies, les inondations ou les naufrages.

Mis en défiance contre ces édifices d'aspect hospitalier, que quelques minutes suffisent à transformer en chambres ardentes, il a dépassé tout de suite la mesure quand il s'est agi d'étudier les moyens d'assurer la sécurité des spectateurs et, partant de l'idée primordiale du sauvetage en cas d'incendie, n'a plus cherché qu'à augmenter, jusqu'aux limites les plus extrêmes, la facilité et par conséquent la rapidité d'évacuation de toutes les parties du théâtre.

Les règlements de police étant ainsi faits qu'on ne peut fermer un théâtre reconnu dangereux, la Préfecture s'est bornée à interdire au public l'entrée de quelques édifices dont les dispositions intérieures étaient vraiment trop défectueuses, ou dont les travaux prescrits avaient été insuffisamment exécutés. Le Conseil municipal, préoccupé de cette situation anormale et suivi d'ailleurs dans cette voie par le Conseil d'hygiène, a simplement proposé, à son tour, d'assimiler les théâtres aux établissements insalubres, ce qui n'était guère fait pour y attirer les spectateurs.

Et puis, l'on s'est mis résolument à agrandir les passages, à multiplier les sorties, à augmenter les dégagements ; à construire des balcons, les fameux balcons de sauvetage ; à fabriquer des échelles, les fameuses échelles ; enfin, l'on a déclaré la guerre aux vestiaires. aux strapontins et même aux petits bancs et l'on a coupé, quand on a pu, le parterre et les fauteuils d'orchestre par l'indispensable passage central qu'on s'est hâté d'ailleurs de garnir d'une double rangée de strapontins qui le suppriment totalement dès que le rideau est levé.

Eh bien, je le demande, toutes ces dispositions éviteront-elles une panique, et s'il y a panique, peut-on espérer que les issues ne seront pas obstruées par le public affolé ?

Pour mon compte, j'estime qu'on s'écrasera aussi bien dans les portes et les escaliers puisque, même en plein air, il suffit d'une simple poussée dans une foule pour faire de nombreuses victimes et que, dans ces mélées sauvages d'une véritable lutte pour la vie, les plus forts sauront, comme à l'Opéra-Comique, faire une trouée sans se préoccuper de ceux que le malheur aura placés sur leur chemin. C'est la panique qu'il s'agit d'éviter et l'on peut dire que le sang-froid du public est la condition première de sa sécurité.

Le meilleur théâtre sera donc celui dans lequel aucune occasion ne sera donnée au public de se laisser aller à une crainte irraisonnée qui paralyse toute résistance au danger.

Or, d'où provient le danger ? Tout le monde s'accorde à dire que la scène est son foyer, et que l'incendie y prend toujours naissance.

Protégeons donc d'abord la scène et voyons comment cette sauvegarde peut être opérée ?

Nous avons d'un côté l'éclairage au gaz, cause sans cesse renouvelée des incendies, et, d'autre part, l'amoncellement des décorations légères et combustibles, desséchées par une température torride et pressées dans les hauteurs du cintre où elles restent constamment offertes comme un aliment facile à toutes les lumières de la scène.

La question étant ainsi posée il semble que dans le théâtre de sûreté une solution s'impose tout d'abord, c'est évidemment de *rendre les décors ininflammables et de supprimer l'éclairage au gaz.*

Toute autre disposition préventive ne sera plus que le corollaire de ces propositions fondamentales.

Lé théâtre de sûreté ne sera donc pas un édifice étrange, bardé de fer ou construit de matériaux réfractaires. Il ne se montrera pas tout ouvert et percé à jour comme le demandent les uns, ou bien clos hermétiquement sur toutes ses faces comme le préfèrent d'autres.

On n'y verra pas des escaliers à la douzaine; des sorties partout, et surtout une complication d'appareils, de machines, de tuyauteries et autres engins d'aspect sinistre qui glaceraient d'effroi les spectateurs, avant même qu'ils n'aient franchi le seuil de l'édifice, et laisseraient constamment dans leur esprit une impression de terreur latente.

Nous estimons, au contraire, que notre théâtre doit avoir l'air aimable. Il sera comme tout le monde, comme ses voisins, et ne se distinguera d'eux que par la disposition raisonnée de la scène qui évitera tout danger d'incendie et par suite toute panique dans la salle.

Nous laissons de côté, par principe, dans l'édifice à construire, l'idée de sauvetage des spectateurs qui a prédominé dans l'étude des modifications apportées aux salles de Paris. Cette préoccupation démontrait nettement, selon nous, l'insuffisance ou l'inefficacité des moyens de protection qu'on eût dû concentrer sur la scène: seule source du danger d'incendie pour les spectateurs; mais nous ajoutons immédiatement que ces dispositions devraient être modifiées s'il s'agissait de déterminer, comme nous l'avons fait l'année dernière, les meilleures conditions de sécurité du public dans les salles actuelles. Il est donc entendu, dès maintenant, que c'est seulement d'une construction neuve dont il va être question.

On n'a presque rien à craindre de la salle, comme foyer d'incendie, attendu que le feu n'y peut progresser que lentement, du moins pendant la représentation, et qu'il y trouve seulement une petite quantité de matières combustibles.

Cette quasi absence de dangers d'incendie dans la salle, explique la tolérance que montre l'administration en laissant fumer les spectateurs dans les cafés-concerts.

Cependant, quelques salles de concert, comme l'Alcazar et l'Eldorado par exemple, ont plus d'importance que bien des petites scènes de la capitale; mais on est assuré qu'un commencement d'incendie éclatant au milieu du public n'aurait aucune gravité, car il ne pourrait prendre une rapide extension, une très petite quantité d'eau suffisant pour l'éteindre.

A l'Opéra-Comique, le feu n'a envahi la salle aussi rapidement que par suite de l'aspiration de la cheminée du lustre, et la fumée n'a pénétré dans toutes les parties de l'édifice que par les portes des loges laissées ouvertes, ces issues permettant aux gaz délétères surchauffés et dilatés de trouver un chemin jusqu'à l'extérieur.

En même temps, d'ailleurs, qu'une portion des flammes était attirée vers les parties supérieures de la salle, le feu, dévorant les cintres de la scène, gagnait rapidement les ateliers de costumes par les combles et embrasait à la fois l'intérieur et l'extérieur de la partie de l'édifice réservée aux spectateurs.

Il est presque inutile d'ajouter que si la scène avait été isolée de la salle par un rideau de fer plein et par un bon mur dans les greniers, et que si les portes en fer qui séparaient l'administration du théâtre avaient été fermées en temps opportun, on n'aurait eu à déplorer que des pertes matérielles et non pas une catastrophe qui a retenti si lugubrement dans tout le pays.

Pour éviter le retour de pareils malheurs, nous allons étudier une installation idéale qui réunira tous les perfectionnements et toutes les dispositions qu'il ne sera jamais inutile d'accumuler pour résister plus sûrement au mortel ennemi des théâtres.

Le temps nous manquant, c'est presque une simple nomenclature que nous donnerons et encore, nous mentionnerons seulement les éléments constitutifs du théâtre de sûreté qui nous paraissent offrir le plus de garanties. Nous réserverons donc d'autres dispositions, quelquefois très sûres, qui peuvent aussi être préconisées, mais dans la discussion desquelles les limites adoptées pour ce travail ne nous permettent pas d'entrer.

Il va de soi que l'édifice sera complètement isolé. On le dégagera sur toutes ses faces par une ceinture de voies spacieuses qui lui permettront de disposer d'un périmètre extérieur suffisant pour la bonne organisation des services intérieurs du théâtre.

Les bâtiments seront partagés en quatre divisions complètement indépendantes qui pourront être isolées l'une de l'autre, à volonté, par des portes incombustibles fermant seules. Les murs séparatifs de ces divisions monteront de fond et la toiture de chaque bâtiment sera établie de façon que son niveau soit différent de celui des divisions voisines, celle de la scène dominant le tout. On réalisera ainsi un ensemble qui peut être comparé à celui d'un navire divisé en compartiments étanches. Au lieu de résister à l'eau les séparations devront être construites pour arrêter le feu : voilà la différence.

La première division comprendra les vestibules, dégagements, corridors et escaliers affectés aux spectateurs.

La deuxième : la salle proprement dite ; la troisième : la scène et la quatrième : l'administration et les loges d'artistes.

Chacune de ces divisions aura des communications directes avec la rue en nombre suffisant pour que personne n'y soit retenu prisonnier à partir de l'instant où les portes incombustibles auront isolé l'une quelconque des parties de l'édifice.

DÉGAGEMENTS — ESCALIERS

La forme extérieure du théâtre nous importe peu, attendu que des plans spéciaux n'ont jamais été recherchés que dans le but d'assurer le sauvetage des spectateurs et que nous nous sommes fait une règle d'écarter l'idée de sauvetage de notre théâtre de sûreté.

Il nous suffit que les issues soient suffisamment nombreuses, larges et commodes, et que les vantaux qui les ferment s'ouvrent à l'extérieur.

A peine entré dans un spacieux vestibule où aboutissent les principaux escaliers, nous nous occupons de la distribution des spectateurs et nous dirigeons la foule de façon qu'elle se subdivise toujours en courants parallèles, dont chacun a pour objectif une porte. Le passage libre de celle-ci correspond exactement à la section de l'escalier ou du corridor qui lui fait face, et son accès est réservé au seul public qui débouche du dégagement correspondant. Nous évitons avec soin les inflexions brusques qui produisent des remous ; les rétrécissements qui altèrent la régularité du mouvement ; la saillie des paliers d'escaliers sur les couloirs, qui encombre le corridor de chaque étage.

Nous entendons en plus, que chaque étage de galerie soit desservi par un double escalier spécial aboutissant au rez-de-chaussée, à proximité de la rue, de façon que la fumée ne puisse couper ces lignes de retraite du public, non-seulement par la partie haute, mais en même temps par les étages inférieurs, comme on l'a constaté à l'Opéra-Comique.

Ces escaliers, ne recevant pas à chaque révolution un nouveau contingent de spectateurs, ne seront pas très larges. On ne s'y pressera point, puisque le public d'un demi-étage seulement y aura droit de passage ; mais ils resteront accessibles tous les jours ; les portes de sortie n'en seront jamais fermées pendant les représentations ; ils seront aérés et éclairés comme nous le dirons tout à l'heure en parlant de l'éclairage ; et enfin, il n'y aura *nulle part dans le théâtre de clefs sous verre* devant ouvrir des portes qui ne fonctionnent jamais.

Les marches seront incombustibles et les plafonds voutés, car il ne faut pas que l'incendie puisse détruire la dernière voie de salut offerte aux retardataires ou aux sauveteurs.

Nous arrivons maintenant aux couloirs circulaires de chaque étage.

Il importe également que, par construction, ils puissent résis-au feu, au moins pendant quelques instants.

Le sol sera dallé en mosaïque ou parqueté sur asphalte ; le le plafond construit comme celui des escaliers ; il seront éclairés et ventilés comme ces derniers.

Leur largeur, — point essentiel, — sera suffisante pour que *tous les spectateurs d'un étage puissent s'y réfugier* ; le mur de la salle sera suffisamment solide ; enfin, les portes des loges, revêtues de feuilles de tôle très mince garantissant les menuiseries contre l'action des flammes, fermeront hermétiquement et seules, de façon à réaliser automatiquement l'isolement des corridors et d'en défendre l'accès aux gaz délétères qui pourraient envahir cette retraite. Ces portes battantes affleureront le parement intérieur de la salle et seront, s'il est nécessaire, à deux vantaux pour éviter toute saillie sur le corridor.

Les vestiaires seront disposés dans des annexes spéciales ; aucun dépôt d'effets, aucune chaise ne seront tolérés dans les dégagements. Les ouvreuses n'auront comme sièges que des strapontins à ressort.

Les couloirs ne seront pas rétrécis au fur et à mesure de l'élévation des galeries ; on augmentera, au contraire, leurs dimensions en raison du nombre de spectateurs qu'ils sont appelés à recevoir et, en conséquence, ceux de l'Amphithéâtre seront de large section et dégagés par un nombre de portes suffisant pour que le nombreux public de cette partie, la plus dangereuse du théâtre, puisse se mettre en sûreté en un instant dans les couloirs. On les élargira également à chaque étage, en face le débouché de l'escalier, de façon que le public s'y rassemble et puisse y former, sans presse, un courant régulier de descente par les escaliers. .

Des flèches indicatives, avec le mot *«sortie»*, placées sous chaque lampe de sûreté dirigeront ensuite la foule sans hésitation vers des escaliers *aboutissant directement à la rue.*

A l'Opéra-Comique, les escaliers desservant plusieurs galeries ont été encombrés dès le premier instant par les remous produits dans l'écoulement de la foule à chaque étage.

Un détail encore : la ventilation des galeries hautes fonctionnera de façon que les gaz asphyxiants n'y soient pas attirés, comme au Ring-Theater de Vienne, et l'appel de la scène, dont nous parlerons tout à l'heure, aura pour effet de renverser le courant d'air dès les premiers moments de l'incendie, si jamais il éclate malgré toutes les précautions prises.

Des balcons de sauvetage et des échelles extérieures, nous ne parlerons pas, car le théâtre de sûreté en sera dépourvu du côté de la salle si ce n'est pour le service des pompiers et le facile accès des toitures par l'extérieur.

Nous estimons, en effet, que ces balcons sont dangereux en ce qu'ils ne donnent qu'une fausse sécurité au public des théâtres et qu'ensuite ils témoignent surtout, par leur présence, de l'insuffisance des dégagements et des moyens de protection qu'on devrait concentrer sur la scène.

Quant aux foyers qu'on a proposé de réserver pour assurer un lieu de retraite à chaque étage, il suffit de remarquer que, si les produits de la combustion envahissent les couloirs, la fumée ne manquera pas d'arriver en grande abondance dans ces pièces de vastes dimensions qui leur seront contiguës. Les spectateurs n'y trouveront donc pas une sûreté plus grande que dans la buvette de l'Opéra-Comique où, malgré les observations du garde de service, 23 personnes qui cherchaient le salut, y ont trouvé la mort.

Si l'on dégage ces foyers par des escaliers spéciaux, il paraît plus simple d'augmenter les dimensions de ceux qui sont affectés ordinairement à la sortie du public.

Il nous semble que l'idée des lieux de retraite ménagés aux spectateurs : balcons, foyers, terrasses, etc., autres que les dégagements ordinaires de l'édifice n'est pas judicieuse, car elle accuse l'insuffisance des voies que la prévoyance du constructeur a dû étudier en vue d'une alerte, et nous disons alerte simplement, car nous sommes assuré qu'une véritable panique causée par un commencement d'incendie ne pourrait se produire dans le théâtre de sûreté.

Nous aurons donc des foyers pour la commodité et l'agrément des spectateurs qui s'y rencontreront, s'y réuniront ou s'y délasseront ; mais nous ne transformerons pas ce lieu plaisant et recherché en un réduit sinistre préparé dès maintenant à soutenir l'assaut du formidable assaillant auquel il aurait à faire.

Nous estimons que la foule doit s'écouler par les escaliers ordinaires et rien que par ces issues reconnues et pratiquées de tout le monde; nous posons donc en principe que l'évacuation de notre théâtre de sûreté ne doit pas durer plus de *trois minutes*.

LA SALLE

Nous arrivons seulement à la salle, c'est-à-dire à la partie intérieure du théâtre occupée par les spectateurs ; nous avons dit qu'elle est séparée des couloirs par un bon et solide mur capable de résister aux flammes.

Notre construction sera faite en éliminant autant que possible les matériaux combustibles, ce qui est facile pour le gros œuvre : la charpente en fer, la couverture métallique, les balcons en staff, les planchers sur asphalte, les portes des loges blindées en tôle mince parfaitement dissimulée, la carcasse des sièges en fer et leur garniture en crin qui brûle mal ; voilà les grandes lignes de notre installation défensive.

Quant au reste de l'ameublement, il sera semblable à ce qu'on voit actuellement et nous mettrons tous nos soins à rendre la distribution des places commode, la décoration coquette, l'éclairage brillant, la ventilation abondante et le chauffage régulier ; sans nous inquiéter outre mesure du degré d'inflammabilité des matériaux combustibles qu'il sera nécessaire de mettre en œuvre, pas plus d'ailleurs que de leur nombre.

Il faut cependant nous arrêter un peu ici et examiner la question des passages réservés pour le facile accès des spectateurs jusqu'à leur place.

Le mieux serait évidemment d'écarter les rangées de sièges de façon à laisser entr'elles un espace suffisant pour que chaque personne pût gagner sa stalle sans déranger toutes celles qui sont placées avant elle ; il serait bien aussi qu'on pût éviter aux spectateurs de forte corpulence, ainsi qu'à leurs voisins, le supplice d'une soirée de théâtre passée dans une place trop exiguë; mais cette distribution supprimerait la moitié des fauteuils d'orchestre et il est impossible de songer sérieusement à sa réalisation pratique.

Quant aux chemins de dégagement établis aux extrémités de chacune des lignes de stalles, leur largeur devrait théoriquement être équivalente à celle représentée par le nombre de spectateurs débouchant en tête de chaque ligne, de façon que les courants conservassent chacun leur libre écoulement en files parallèles et qu'aucun remous, ni aucun arrêt, ne put entraver la circulation régulière des spectateurs. Mais alors, il faudrait augmenter proportionnellement aussi la largeur des portes de sortie et pour 7 ou 8 rangées de sièges on serait forcé de laisser vide un très large espace en face de chaque issue.

Si l'on ajoute encore à cet emplacement inoccupé le passage central qu'on a réclamé depuis peu, les spectateurs seraient complètement isolés les uns des autres.

Or, « *le vide au théâtre tue la scène*, dit M. Sarcey, maître en la matière, *les spectateurs séparés en deux tronçons par ce chemin s'ennuieront séparément; au contraire, les salles les plus belles — celles qui affirment le succès — sont toujours encombrées et vibrent, en même temps que l'acteur se sent en communication constante avec le public.* »

Il nous sera heureusement facile, dans le théâtre de sûreté, de donner satisfaction à ces exigences d'apparences contraires en profitant de la sécurité exceptionnelle que les places du rez-de-chaussée assurent aux spectateurs. Cette sécurité permet en effet de conserver les passages et dégagements tels qu'ils sont établis actuellement. Nous ne supprimons même pas les strapontins, seulement ils devront tous se relever seuls et aucun autre siège ne sera toléré.

Les stalles et fauteuils seront aussi à bascule, ainsi que les accoudoirs, et leur carcasse métallique sera construite de telle façon que le passage soit dégagé aussitôt qu'un spectateur aura quitté sa place. Le même système sera employé pour tous les sièges fixes des galeries. Quant aux fauteuils et chaises des loges, ils seront fixés sur un axe qui permettra de les tourner pour changer de position, mais non de les déplacer. On évitera ainsi l'encombrement des couloirs qui s'est produit à l'Opéra-Comique par les sièges qu'on avait sortis des loges afin de fuir plus vite.

Nous avons dit que la salle n'est pas dangereuse comme foyer d'incendie, au point de vue seulement de la sécurité des spectateurs qui nous occupe particulièrement; nous insisterons néanmoins sur les dispositions à prendre pour l'isoler facilement des couloirs et dégagements d'un côté, et de la scène de l'autre.

Vers la salle, nous avons parlé des portes de loges fermant seules et obstruant hermétiquement les baies percées dans le mur circulaire.

Nous décrirons le rideau de fer avec la scène, mais il est nécessaire d'attirer l'attention sur la nécessité de séparer complètement les dessous de la scène, de l'orchestre des musiciens et par conséquent de la salle, en voûtant le couloir du souffleur et en montant ses murs en maçonnerie sans qu'aucune baie de communication avec le dessous y soit percée.

Il ne faut pas oublier qu'an Ring-Theater, de Vienne, la fumée de l'incendie, qui avait éclaté pendant que le rideau était baissé, fit irruption dans la salle par le trou de la boîte du souffleur dont le couloir communiquait avec les dessous de la scène.

Il n'est pas moins indispensable que le proscenium soit voûté; que le cadre, les écoinçons et le soffite d'avant-scène soient construits en matériaux incombustibles; que le manteau d'arlequin soit en tôle et qu'enfin, la calotte de la salle soit en poterie, en plâtre ou en tôle quand on n'a pas les ressources nécessaires pour la construire en cuivre comme au Grand-Opéra.

Il est presque inutile d'ajouter qu'il serait absolument regrettable de faire communiquer les dessous de la scène avec les caves de la salle. On s'exposerait, en cas d'incendie, à faire envahir les dégagements et escaliers du public par la fumée sortant des caves et toute retraite serait ainsi coupée aux spectateurs des étages, avant même que l'évacuation du théâtre eût pu être commencée.

Bien que nous n'attachions pas une grande importance à la très rapide évacuation de la salle, il importe cependant que le public puisse se trouver en sûreté dans les couloirs avant que l'incendie ne devienne dangereux pour lui. Il faut donc qu'on lui fournisse les moyens de quitter sa place et de gagner ensuite l'extérieur.

Au rez-de-chaussée, malgré l'exiguité des sièges et le peu d'espace qui en sépare les rangées successives, le péril, en cas d'incendie, n'existe que peu ou point, car l'air y reste respirable pendant assez longtemps pour qu'on ait toujours le temps de gagner la rue, laquelle d'ailleurs n'est jamais bien éloignée. Indépendammént aussi des issues affectées aux places du parterre et de l'orchestre, les portes des baignoires peuvent être utilisées en escaladant l'appui des loges qui n'est jamais bien haut.

Ces places sont donc les plus sûres des théâtres; *elles ne fournissent jamais de victimes* et doivent être recherchées par les spectateurs prudents.

Le danger commence quand on s'élève, et il grandit proportionnellement avec la hauteur de l'étage qu'on occupe. Il est à l'état latent quand on a dépassé l'ouverture de la grande baie de la scène, c'est-à-dire quand on est entré dans la cloche sous laquelle les gaz mortels s'accumulent et séjournent en cas d'incendie. Enfin, le péril est toujours imminent à l'amphithéâtre, car l'air, à ces hauteurs, est déjà devenu si impur qu'il suffit d'une très petite proportion de gaz oxyde de carbone pour le rendre immédiatement délétère.

Il importe donc que ces amphithéâtres, qui donnent le plus fort contingent de victimes, puissent être évacués par de nombreuses portes, dès la première alerte, et qu'on donne aux couloirs des dimensions suffisantes pour abriter facilement le public de tout l'étage.

Nous insistons sur ce dernier point, car c'est habituellement une disposition contraire qu'on trouve dans un grand nombre de théâtres, même récemment construits.

Au lieu d'agrandir les couloirs en raison du nombre des spectateurs que l'étage comporte, on les étrangle au contraire, et quelquefois on les supprime à l'amphithéâtre qui n'est desservi que par des portes insuffisantes au-devant desquelles les cadavres s'entasseraient en cas de sinistre.

Nous dirons seulement pour mémoire, qu'aucun atelier ne sera toléré au-dessus de la salle et qu'aucun foyer à feu nu ne sera installé dans cette partie du théâtre.

Le concierge et le garçon de caisse pourront seuls être logés dans des dépendances situées en dehors de la division de la salle ainsi que le poste des pompiers.

Il faut, pour donner toute sécurité sous le rapport d'incendie, qu'en dehors du temps des représentations une salle de théâtre soit un désert sous peine de devenir un tombeau.

LA SCÈNE

Nous voici maintenant arrivé à la division du Théâtre qui comprend la scène et ses dépendances.

Ici tout est en danger, sous le rapport le l'Incendie, et l'on peut dire que le feu existe toujours à l'état latent dans cet amoncellement de matériaux essentiellement combustibles disposés à proximité des appareils d'éclairage et pressés dans les frises, suivant la déposition d'un témoin à l'Opéra-Comique : « comme les gigantesques feuillets d'un livre qu'on apercevrait par la tranche. »

Aucune précaution ne sera trop minutieuse, aucune disposition trop étudiée, aucun ensemble défensif trop considérable, pour qu'on soit assuré de pouvoir lutter victorieusement contre les risques de destruction dont l'ensemble de la scène constitue la cause initiale.

Evidemment, le gros œuvre de la construction sera, comme pour la salle, construit en matériaux incombustibles ; mais ici la toiture, tout en conservant sa charpente en fer, deviendra très légère et n'aura que l'épaisseur de la planche de couverture qui supporte le revêtement extérieur en zinc. De grands chassis vitrés placés au « lointain » y seront réservés et ces chassis seront recouverts extérieurement de grillages métalliques à petites mailles.

Entre ces baies vitrées un large lanterneau, pourvu de lames de persiennes mobiles, sera raccordé, par une trémie évasée en menuiserie légère, avec une ouverture pratiquée dans le plancher du gril, directement au-dessous du lanterneau.

Si la hauteur de la scène au-dessus des divisions voisines le permet, de grandes fenêtres seront distribuées sur les faces opposées, cour et jardin, à hauteur du pont de service qui précède l'étage du gril, et une grande baie, débouchant au-dessus de la toiture de la division des loges et de l'administration, sera percée dans le mur de lointain.

Toutes ces dispositions doivent opérer, dès le début d'un incendie, le renversement du courant d'air dont nous avons expliqué l'utilité tout à l'heure, car il est indispensable qu'à ce moment, l'afflux d'air marche de la salle à la scène.

En effet, dès que l'inflammation subite de plusieurs décors a produit un courant ascensionnel d'air chaud, il importe essentiellement de diriger les gaz de la combustion vers l'extérieur par le chemin le plus court, et c'est alors que le lanterneau de scène fonctionne immédiatement par le dégagement automatique de ses lames.

A partir de cet instant un courant régulier est établi et, comme la toiture de la scène est plus élevée que celle de la salle, une aspiration d'air se produit en éloignant la fumée des spectateurs.

Cependant, le lanterneau seul serait insuffisant pour évacuer les torrents de fumée dont le reflux pourrait envahir la salle. C'est alors que le chassis de lointain et les baies vitrées du dernier pont de service ou du comble viennent à leur tour concourir à l'œuvre commencée. Sous l'influence de la chaleur leurs carreaux se brisent et dégagent toutes les ouvertures, la toiture de la scène faite en planches légères et combustibles s'enflamme rapidement, s'effondre, et toute la section du brasier fonctionne alors à l'air libre comme une immense cheminée dont le rideau de fer, baissé en temps opportun, ferait office de souffleur.

Le résultat le plus important de cette organisation, applicable dans tous les théâtres déja construits, serait l'absence de fumée dans la partie occupée par les spectateurs et la suppression du danger d'asphyxie qu'on doit seul redouter dans les incendies de théâtres.

Cette application des lanterneaux de scène, que nous préconisons depuis dix ans, conduit donc, sans autre frais dans les Théâtres actuels, à l'absolue sécurité du public par le renversement du courant d'air qui opère automatiquement le refoulement de la fumée et l'évacuation des gaz viciés par la scène.

Nous nous hâtons d'ajouter que, dans le Théâtre de sûreté, il s'agira plutôt d'éviter les incendies que de les combattre ou de se défendre contre leurs conséquences; mais, contre un pareil ennemi, c'est un devoir d'accumuler les éléments de résistance, et, dût notre disposition de scène ne servir jamais, que nous n'en réclamerions pas moins l'établissement pour être absolument certain de parer à toute éventualité.

Nous venons de dire que nous voulons plutôt empêcher l'incendie de naître ou tout au moins de se propager rapidement. Il faut en effet remonter à la source du péril et le frapper dans son germe en supprimant les matériaux inflammables, car la flamme est le véhicule de l'incendie et c'est la soudaineté de ses atteintes et l'intensité de son développement qui rendent si difficile l'attaque des foyers constitués par les décorations dans les frises.

Sur le « terrain » de la scène et même dans la forêt de bois des dessous, un incendie peut prendre une grande intensité et même ruiner le théâtre, mais il ne progressera que lentement, favorisant ainsi l'évacuation des différentes parties de l'édifice et la concentration des moyens d'attaque; mais quand il a gagné les cintres, c'est par instants qu'il faut compter jusqu'au moment où une sorte d'explosion, comme on l'a constaté à l'Opéra-Comique, embrase tout d'un coup le vaisseau entier rempli de toiles combustibles.

Le remède est tout indiqué et il est simple.

Il est même malheureusement trop simple pour qu'il ait grande chance d'être appliqué de longtemps.

Tout le monde l'a compris, il suffit de rendre les décorations ininflammables.

Si l'administration tient la main à l'éxécution des prescriptions qu'elle a renouvelées plusieurs fois depuis quarante ans et si le gouvernement, par une loi, rend cette obligation générale pour tous les théâtres de France, il y a bien des raisons de penser que la prophétie ministérielle touchant la durée des théâtres, laquelle n'a que trop réussi en ce qui concerne l'Opéra-Comique, sera mise en défaut à partir de la promulgation de la loi, et que l'existence si précaire des malheureux édifices, voués jusqu'ici à la destruction par le feu, atteindra une longévité dont les spectateurs bénéficieront à leur tour.

Pour qu'un décor brûle, il faut évidemment qu'une flamme soit laissée imprudemment à proximité de ses parties combustibles. Nous venons déjà de supprimer les dangers de cette combustibilité ; mais s'il devenait possible d'éviter en même temps toute flamme sur la scène d'un théâtre, la sécurité serait deux fois plus grande et les garanties encore plus complètes.

Eh bien, le gaz, ce redoutable agent de lumière, auteur reconnu de tous les derniers incendies de théâtre ; le gaz qui rend torride la température des cintres et déssèche les décors ; le gaz qu'on doit craindre autant par sa flamme que par ses explosions et même par ses propriétés asphyxiantes ; enfin, le gaz qu'on a chargé si justement de méfaits, en ce qui concerne les théâtres, peut être remplacé maintenant par ces jolies petites lampes à incandescence, véritables fleurs lumineuses qui s'allument seules, fonctionnent sans surveillance, éclairent sans flamme et s'éteignent, j'allais dire meurent, dès que l'ampoule de verre qui les protège vient à être brisée.

Avec elles, l'appel de la cheminée du lustre, si dangereux pour les spectateurs en cas d'incendie, n'existe plus, car la chaleur qu'elles produisent est insignifiante. Le rôle du luminariste consiste simplement à manœuvrer un commutateur ; elles suppriment le danger si grand de l'allumage par des lampes à feu nu dont une seule a suffi pour amener la catastrophe du Ring-Theater de Vienne.

Elles seraient parfaites, au point de vue spécial d'incendie qui nous occupe, si la question des conducteurs électriques restait également à l'abri de tout reproche. On arrivera certainement, et peut-être bientôt, à donner pour les canalisations toutes garanties sous ce rapport ; mais il faut bien avouer que de nombreux commencements d'incendie ont été causés par ces conducteurs qui rougissaient tout à coup en enflammant les corps combustibles sur lesquels ils étaient placés.

Dans notre théâtre de sûreté, chaque lampe et chaque dérivation seront munies d'un coupe-circuit en fil de plomb, lequel fondrait si la tension du courant dépassait la moyenne pour laquelle la section métallique du conducteur a été déterminée et les fils seront soigneusement isolés de toute matière combustible.

Il est encore un autre inconvénient de l'éclairage électrique qu'on doit signaler : c'est le danger d'extinction subite de tout l'éclairage auquel jusqu'ici on n'a paré qu'imparfaitement dans la plupart des installations commandées par des dynamos.

Un ensemble mécanique aussi compliqué que celui de l'éclairage d'un grand édifice reste constamment à la merci du plus petit des accidents, lequel affectant ses chaudières, ses moteurs, ses générateurs d'électricité ou même seulement les transmissions qui relient ces différents organes peut entraîner une obscurité subite dont les conséquences sont grosses de danger.

La seule solution pratique qui garantisse tout accident de ce genre consiste à intercaler, dans le circuit général, une batterie d'accumulateurs qui remplit l'office de réservoir régulateur et assure à l'éclairage une sûreté de fonctionnement qui doit être inséparable des garanties de sécurité que l'électricité donne déjà contre les risques d'incendie.

Cependant, il faut encore considérer que toutes les lampes, alimentées par une source commune et par une même canalisation, s'éteindraient si par accident, négligence ou même malveillance le conducteur principal était brisé; il est donc de la plus haute importance qu'un éclairage de sûreté, absolument distinct de celui branché sur la canalisation générale, soit constitué dans toutes les parties du théâtre, aussi bien des couloirs que de la salle, de la scène et de l'administration. Dans le théâtre idéal que nous décrivons, des lampes électriques indépendantes, alimentées chacune par un accumulateur spécial, seraient chargées de ce service. Ces lampes, brûlant séparément dans leur globe de verre, résisteraient à la chaleur et aux gaz méphitiques; l'obscurité subite qui a causé tant de malheurs à l'Opéra-Comique, à Nice, à Vienne et à Exeter, serait évitée à l'avenir et les spectacteurs, en cas d'arrêt de l'éclairage ordinaire seraient assurés de gagner facilement la rue sans panique.

D'ailleurs, le préjugé regrettable et le sentiment de crainte peu fondée qui ont fait jusqu'ici fermer les compteurs des théâtres dès la première alerte de feu, pour éviter soi-disant des explosions qui ne peuvent pas se produire dans la grande majorité des cas; cette fermeture prématurée des conduites, entraînant l'extinction des appareils d'éclairage, n'aurait plus de raison d'être avec l'électricité. On peut donc espérer que la consigne du luminariste deviendrait alors ce qu'elle aurait dû toujours être et ce qu'elle est encore dans quelques théâtres — comme à Rouen par exemple — c'est-à-dire, conserver l'éclairage intact dans toutes les parties de l'édifice, surtout après l'annonce du feu.

Cette question de la fermeture des conduites de gaz nous amène à parler des chaudières à vapeur qu'on hésite tant à laisser installer dans les théâtres, et pour lesquelles les commissions en général montrent un esprit de méfiance qui nous semble peu justifié.

Il y a certainement des dangers d'explosion avec lesquels il faut compter, surtout avec les hautes pressions et les générateurs à vaporisation rapide que l'industrie recherche dans le but d'économiser le terrain toujours si cher à Paris ; mais, dans les types les plus perfectionnés, cette explosion se réduit à une simple fuite de vapeur qui ne peut être dangereuse, si le local des chaudières est voûté, que pour le personnel chargé de leur conduite et non pas pour l'édifice dans lequel ils sont construits.

D'ailleurs, il ne s'agit pas de placer les générateurs sous la salle ni même sous la scène ; mais dans toutes les autres dépendances, l'appareil producteur de vapeur n'entraîne pas plus de risques que ne le fait l'installation d'éclairage électrique de l'Opéra, établie sous le vestibule, ou bien celle du Printemps qui est directement située sous des magasins envahis chaque jour par un nombreux public d'acheteurs ; ou même enfin, toutes les usines à lumière, même pour les théâtres, qui ont été établies à la hâte, sans aucune précaution et plutôt mal que bien, dans des maisons abritant jour et nuit de nombreux locataires.

Evidemment, la solution de la question ne réside pas dans l'établissement de toutes ces petites usines, qui n'alimentent chacune qu'un édifice, et l'on ne peut attendre de résultats définitifs que de stations centrales puissamment outillées et distribuant l'énergie électrique comme on canalise actuellement le gaz ou l'eau. Les premiers pas de la science électrique industrielle, quelque gigantesques qu'ils paraissent, ne sont encore cependant que les manifestations enfantines d'une force qui révolutionnera probablement le monde dans le siècle prochain et cependant, l'éclairage actuel, si imparfait qu'il soit, a déjà donné aux théâtres une sécurité à laquelle on n'eut jamais osé prétendre sans son concours.

Nous ne parlerons pas de l'utilisation de la vapeur des chaudières pour l'extinction d'un incendie de scène, bien que nous ayons étudié spécialement son application dans ce cas, mais nous estimons que dans le Théâtre de sûreté, le feu ne pourra pas prendre une grande intensité. Des moyens d'attaque puissants sont donc inutiles ; d'ailleurs, pour mieux assurer la sécurité des spectateurs, *on peut laisser brûler la scène, et c'est peut-être encore le parti le meilleur.*

La question de l'éclairage des théâtres, si importante et si com - plexe, nous a fait perdre de vue l'organisation de la scène dont nous avons commencé la description. Il nous reste à parler de la machinerie des dessous et des cintres.

Ici, la réduction la plus grande des matériaux combustibles doit être une loi, bien que cette diminution n'aille pas, par exemple, jusqu'à étudier tout le service de scène en éléments métalliques.

A première vue cependant, il semblerait que le fer et la tôle peuvent se prêter aux formes multiples de la machinerie et que, sous un plus petit volume, ils présenteraient une grande résistance tout en demeurant absolument réfractaires aux risques d'incendie.

On a dû néanmoins, après de nombreux essais de planchers en tôle, dont la sonorité incommodait autant les artistes que le public et sur lesquels la circulation était difficile , limiter leur emploi à la carcasse des dessous et aux parties essen- tielles de la machinerie, tandis que le bois était conservé pour le plancher de la scène et pour les parties du matériel scénique auquel des modifications, des adjonctions ou des suppressions doivent être faites rapidement par les machinistes.

Nous ne nous attarderons pas à pénétrer dans ces détails ; nous dirons seulement que, dans le théâtre de sûreté, toutes les par- ties en bois apparent seront injectées *dans leur masse* d'une so- lution ignifuge qui assurera leur ininflammabilité et donnera des garanties parfaitement suffisantes contre une propagation pos- sible du feu.

Aucun bois ne sera employé sur la scène sans avoir subi cette imprégnation profonde qui permettra de le percer, de le diminuer ou de le tailler sans que ses propriétés d'ininflammabité soient altérées.

Indépendamment de cette préparation, les planchers fixes comme ceux des galeries suspendues et des ponts de service seront doublés de tôle très mince sur leur parement inférieur. Les tiges de suspension qui les soutiennent seront toutes en fer.

Quant au gril, son système de construction participera de celui du terrain de la scène, c'est-à-dire : charpente des rues en fer et remplissage en plancher injecté dans sa masse.

Il est à peine besoin d'ajouter qu'aucune loge d'artiste, aucun magasin d'habillement, aucun passage faisant communiquer le côté Cour de l'Administration avec le côté Jardin ne sera toléré dans les hauteurs de la scène.

Malgré toutes les précautions prises, la division du bâtiment qui nous occupe doit être considérée comme sacrifiée d'avance dans le cas où un concours de circonstances exceptionnelles ou imprévues permettrait à l'incendie de prendre un développement inquiétant; il importe donc au plus haut point que l'isolement du foyer puisse être réalisé très rapidement et surtout très complètement pour que les parties voisines du bâtiment soient préservées.

La scène ne communiquera donc avec l'administration, d'une part, et avec la salle, de l'autre, que par le plus petit nombre d'ouvertures jugées indispensables pour le sauvetage des machinistes du cintre.

Chaque baie sera garnie d'une porte en fer ajustée avec précision et battant dans une feuillure garnie d'un bourrelet d'amiante destiné à former un joint hermétique s'opposant également à l'irruption de la fumée et des flammes. Toutes les portes fermeront seules et seront solidement ferrées de façon à résister facilement à la pression développée par le dilatement des gaz échauffés. Elles seront munies, sur leur hauteur, au moins de deux verrous pour que l'intensité de la chaleur n'y provoque pas un gauchissement qui favoriserait l'irruption des flammes dans les locaux à préserver.

La ventilation de la scène sera facile avec l'éclairage électrique; les pompiers de service ou les machinistes ne seront plus tentés de caler ces portes pour diminuer un peu l'atroce chaleur que le gaz entretenait dans les frises, et les pénalités les plus sévères seront appliquées contre ceux qui enfreindraient la *défense formelle qui sera faite de les laisser ouvertes.*

La grande baie de la scène, du côté du public, sera fermée par un rideau de fer plein. Il n'est peut-être pas sans intérêt d'ajouter qu'une petite porte sera ménagée dans le panneau inférieur pour assurer une ligne de retraite, par la salle, aux pompiers ou aux machinistes qui pourraient se trouver cernés par le feu sur la scène.

La manœuvre de ce rideau sera effectuée plusieurs fois par représentation, et pour la motiver on le couvrira d'annonces ou bien on le décorera comme un rideau d'entracte.

La descente de cette cloison métallique pourra être faite de plusieurs points du théâtre, tant de la scène que de la salle; mais surtout d'un endroit spécial, abrité contre l'incendie, de façon que le rideau puisse être descendu sûrement, même après l'évacuation de la scène.

Si le rideau est suspendu par des fils, ceux des contrepoids seront métalliques et ceux de manœuvre en chanvre, de manière que l'écran protecteur descende automatiquement par la combustion des cordages et que l'isolement de la scène puisse être opéré, même dans le cas, assez fréquent d'ailleurs, où l'affolement, la négligence ou l'incurie du personnel l'empêcheraient d'utiliser aucun des moyens d'attaque et de protection que tout théâtre possède.

Indépendamment du rideau de fer, on baissera en cas d'incendie, le rideau de scène qui sera fait en toile d'amiante ou marouflé sur une toile métallique fine.

Sa fonction consistera surtout à former un double écran préservant la salle de toute fumée.

Le danger de l'emploi des fils morts est prouvé jusqu'à l'évidence depuis l'incendie auquel nous empruntons sans cesse des enseignements. Ce sont les faux cordages de l'Opéra-Comique qui ont empêché le personnel des cintres de faire tomber la frise enflammée sur le plancher de la scène où elle aurait pu facilement être éteinte.

Les fils de réglage des décorations suspendues du théâtre de sûreté seront donc munis d'un appareil de déclanchement qui rendra celles-ci libres de toute attache, et permettra d'obtenir la chute instantanée des frises ou des plafonds, qu'il serait nécessaire d'isoler brusquement des toiles décoratives voisines.

La catastrophe de l'Opéra-Comique a montré combien il serait indispensable que le personnel nombreux, disséminé dans toutes les parties de la scène et des dépendances, ainsi que les artistes dans leurs loges et même le public dans la salle, fussent prévenus, par un signal d'alarme, aussitôt que le feu se déclare en un point quelconque de l'édifice et surtout dès qu'il menace de prendre des proportions dangereuses.

Des sonnettes spéciales seront donc établies dans toutes les parties du théâtre de sûreté, et leurs fils aboutiront à un tableau ou ils seront commandés par une série de commutateurs disposés d'une façon analogue aux robinets du jeu d'orgue de l'éclairage. Un sapeur de garde préviendra, dès la première alerte, les machinistes des cintres et des dessous qui sont les plus exposés et, en même temps, l'administration et le contrôle;

il fera ensuite retentir le signal avertisseur dans les magasins, dans les loges et dans les ateliers; enfin, il préviendra le public de la salle à moins que, en cas d'urgence, il ne donne d'un seul coup l'alerte dans toutes les parties du théâtre dont l'évacuation, commencée ainsi dès l'apparition de la première étincelle, continuera rapidement et se terminera avant que le feu ait le temps de couper les lignes de retraite du public et des artistes.

Pour assurer le service régulier des signaux avertisseurs d'incendie, le poste de pompiers prenant possession du théâtre aura pour consigne de faire fonctionner tout l'ensemble de l'installation, au moins une heure avant chaque représentation, et de s'assurer de son parfait état d'entretien chaque jour.

Ceci nous amène à étudier la consigne d'incendie qui serait donnée à chaque membre du personnel du théâtre de sûreté. Cette consigne, devant également être connue du public, serait affichée dans toutes les parties de l'édifice. En cas d'alerte, et dès que le signal d'incendie aurait été donné, chaque employé de l'administration ne devrait plus s'occuper que du rôle particulier qu'il aurait à remplir dans l'œuvre de la défense commune :

Les pompiers isoleraient la scène et attaqueraient le feu avec l'aide des machinistes. Le Régisseur s'occuperait des artistes, des figurants, des choristes, etc.; le Contrôle débarrasserait toutes les ouvertures et préparerait les issues offertes aux spectateurs A chaque étage, les ouvreuses et les inspecteurs, après avoir guidé le public et régularisé sa descente, veilleraient soigneusement à la fermeture des portes des loges et galeries qui assurent l'isolement des dégagements et des escaliers. Le luminariste aurait pour devoir de laisser tout son éclairage intact ; le mécanicien renverserait la ventilation; enfin, le Directeur s'assurerait par lui-même que les prescriptions formulées en cas de sinistre sont remplies et resterait responsable de leur non exécution.

ADMINISTRATION ET LOGES D'ARTISTES

Nous entrons maintenant dans la dernière division du théâtre; c'est celle qui abrite l'administration, les loges d'artistes, les magasins de costumes, les ateliers de décors, les services de l'éclairage, du chauffage, de la ventilation et enfin le logement du concierge.

Les dispositions principales que nous proposons pour cette partie du théâtre de sûreté comprendraient le dégagement des pièces de chaque étage par un couloir longeant le mur de lointain de la scène et permettant la communication facile et permanente entre le côté Cour et le côté Jardin sans traverser la scène. C'est d'ailleurs ce qui se fait partout et l'Opéra-Comique n'était, à ce point de vue, qu'une exception des plus regrettables et des plus dangereuses.

Deux escaliers, au moins, desserviraient ces corridors et si les nécessités d'ordre moral, qui faisaient à l'Opéra-Comique griller les fenêtres de la loge des danseuses, motivaient une séparation entre le côté des hommes et... celui correspondant, une porte légère, facile à enfoncer, suffirait pour donner toutes garanties à ce point de vue.

On ne garnira donc pas les fenêtres de barreaux en fer, surtout aux étages supérieurs, mais on évitera tout autant, les balcons de sauvetage et les échelles, sauf celles qui seront réservées, comme dans tout l'édifice, pour le facile accès des toitures par les pompiers.

Toute l'attention du constructeur sera portée sur les moyens d'assurer la protection des escaliers contre l'irruption de la fumée produite sur la scène. Les portes de fer des différents étages seront donc l'objet d'une étude minutieuse et d'une construction des plus soignées qui garantira leur parfait fonctionnement et leur fermeture hermétique. En avant de chacune de ces portes, coupées en deux vantaux, pour que leur développement ne produise aucune saillie sur le corridor, on établira une double clôture plus légère en menuiserie ininflammable dont les battants développeront sur la scène.

On constituera ainsi, entre les deux fermetures, un matelas d'air isolant qui suffira pour arrêter complètement la fumée. D'ailleurs, sauf dès le début de l'incendie et pendant quelques instants seulement, la fumée pourra tenter d'envahir les divisions voisines de la scène en s'infiltrant au travers des joints des portes de sûreté; mais dès que le courant gazeux, attiré vers le lanterneau de scène, aura pris sa direction définitive, c'est un appel qui se produira derrière les cloisons métalliques fermant les baies, et tous les gaz brûlés seront refoulés dans l'enceinte, enflammée par le renversement du courant d'air qui sera maintenant appelé de l'extérieur vers la scène.

Les marches des escaliers seront incombustibles, les couloirs carrelés ainsi que les loges, les ateliers et les magasins; les plafonds seront hourdés en maçonnerie. Si du plancher est réclamé pour certaines loges d'artistes, on le posera sur bitume ou sur plâtre; mais, en aucun cas, il ne sera laissé de vide sous les lames du parquet entre les lambourdes.

On évitera les tentures, les draperies et les menuiseries légères dans toutes ces pièces, et aucun foyer à feu nu ne sera toléré que dans les chambres du logement de concierge.

Le local affecté aux chaudières et aux machines de l'éclairage électrique devra être construit solidement et voûté. Il communiquera directement à la rue, et sera garanti suffisamment contre l'incendie pour que, surtout en cas d'alerte, le mécanicien continue en toute sécurité le service complet de l'éclairage dans toutes les parties du théâtre.

La lumière est un des principaux agents de sauvetage; on

peut dire qu'elle donne le plus sûr concours et qu'elle permet la résistance la plus efficace contre le fléau. En effet, jusqu'ici, les incendies de théâtres n'ont jamais pris un caractère terrible pour les spectateurs qu'à partir du moment où l'obscurité s'abattant sur l'édifice a paralysé les efforts qu'ils tentaient pour se reconnaître dans le dédale des issues du monument. Une défaillance morale a été causée par ce nouveau danger, ajouté à tant d'autres déjà si redoutables, et les malheureuses victimes ont perdu tout courage en perdant tout espoir.

Il est certain que, dans ces catastrophes, le sentiment d'impuissance en face du danger, doublé d'obscurité, influe sur la résistance que l'organisme humain pourrait opposer aux gaz méphitiques dans des conditions moins défavorables. On a même trouvé à l'Opéra-Comique des spectateurs qui sont morts de peur et il en est certainement un grand nombre d'autres qui seraient arrivés, tant bien que mal, à l'extérieur si l'extinction du gaz ne les avait privés de toute faculté de se conduire.

CHAUFFAGE

Bien que le chauffage ne soit pas le plus grand pourvoyeur des incendies de théâtres, un certain nombre de sinistres peuvent être mis au compte de ses imperfections ou de ses vices de construction.

En principe, il est toujours dangereux d'employer l'air chauffé et quelquefois surchauffé des calorifères ; on s'expose à des incendies spontanés de boiseries comme on en signale journellement par suite d'un état spécial de siccité qui décompose lentement le bois et le transforme en une matière spongieuse très avide d'oxygène, laquelle peut prendre feu sans cause apparente.

Le chauffage des théâtres doit, à notre avis, être fait à la vapeur. C'est le procédé le plus rapide, le plus sûr au point de vue de l'incendie et le plus économique de transporter la chaleur à distance, d'en faire varier l'intensité et d'en centraliser la production.

Le théâtre de sûreté utiliserait à cet effet, comme à l'Eden-Théâtre, la vapeur perdue des machines produisant la lumière électrique. Dans l'intervalle des représentations, en attendant les calorifères électriques qui pourraient être alimentés par la batterie d'accumulateurs formant réserve et régulateur de l'éclairage, le chauffage temporaire des locaux de l'administration serait fait par des poêles à gaz, qu'on allume facilement et qu'on éteint à son gré sans laisser derrière soi des foyers qui peuvent prendre une activité dangereuse, projeter des étincelles ou se ranimer soudain quand ils ne présentaient plus l'aspect que d'un amas de cendres inoffensives.

Le seul foyer ordinaire sera celui de la loge du concierge et son conduit de fumée sera construit des plus solidement pour résister sûrement à un feu de cheminée si par hasard cet accident arrivait.

Quant au service de ventilation inséparable du chauffage il serait actionné par des moteurs, car il est reconnu maintenant que l'adoption d'engins mécaniques peut seul donner, dans une grande salle, un renouvellement d'air régulier correspondant avec une évacuation égale d'air vicié.

Le mécanicien du théâtre de sûreté serait chargé des trois services de l'éclairage, du chauffage et de la ventilation qu'il pourrait modifier à son gré, de la chambre des machines, en consultant les indications données par les lampes témoins, pour l'éclairage; par le tableau des thermomètres électriques, pour le chauffage et enfin, par des anémomètres spéciaux qui, placés dans les gaînes de ventilation, indiqueraient la vitesse de l'air pur, à son entrée dans le théâtre, et la rapidité d'évacuation des gaz viciés, au moment de leur sortie de la salle.

Il pourrait ainsi renverser immédiatement la ventilation, c'est-à-dire envoyer de l'air frais par la coupole de la salle et par les amphithéâtres dès qu'un incendie éclatant sur la scène lui serait signalé par la sonnerie d'alarme des avertisseurs. Cet air refoulerait la fumée déjà produite et contribuerait à établir rapidement le tirage par le lanterneau de scène, c'est-à-dire l'inversement du courant d'air dont nous avons expliqué précédemment tous les avantages.

SERVICE HYDRAULIQUE

Le service hydraulique d'un théâtre constitue, quant à présent, le seul moyen d'attaque des incendies qui éclatent dans ces édifices. De la sûreté et de la rapidité de son fonctionnement dépendaient jusqu'ici la conservation des bâtiments et la sécurité des spectateurs.

Il eut suffi à l'Opéra-Comique d'un peu d'eau, jetée au moment opportun sur la décoration flambante, pour qu'un sinistre regrettable, compliqué d'une horrible catastrophe, eut pu être évité.

Dans le théâtre de sûreté, la vie des spectateurs ne sera heureusement pas à la merci d'une goutte d'eau que l'inattention, la négligence, la fatigue ou l'affolement d'un seul homme ont peut être empêché de jeter; la construction se défendra toute seule et dans tous les cas par sa disposition, donnera le temps qu'on arrive à son secours pour lutter contre le redoutable élément.

Le service d'incendie sera, malgré tout et pour surcroit de sécurité, organisé comme dans les théâtres actuels, mais il répondra à cette nécessité *d'agir rapidement et de pouvoir concentrer plusieurs jets de lances, projetant indéfiniment de l'eau en pression, dans toutes les parties accessibles ou non du théâtre.*

Dans les incendies de cette nature, toute autre considération doit être subordonnée à la rapidité d'attaque; c'est à ce point de vue que les petits extincteurs portatifs peuvent être recommandés car ils permettent de projeter immédiatement de l'eau en pression sur des points d'un accès difficile que les établissements d'étages n'atteindraient qu'après une manœuvre de quelques instants.

Mais alors ces lances resteraient peut-être impuissantes devant l'intensité des flammes qu'elles devraient combattre, et les jets énormes des pompes à vapeur n'auraient à leur tour aucun effet sur le brasier composé de tant d'éléments combustibles.

Quand on est parvenu à obtenir une vitesse d'établissement suffisante, on doit encore se préoccuper d'assurer l'alimentation continue des appareils d'attaque, ainsi que la pression qui, seule, produit de bons effets extincteurs.

Dans le théâtre de sûreté, à chaque établissement d'étage constitué par une lance, avec son boyau de cuir ou de caoutchouc et son robinet, correspondra une cuvette avec tuyau d'écoulement d'eau.

Chaque fois que le service d'incendie prendra possession du poste, il pourra donc et devra vérifier l'état de ses appareils, en y faisant couler de l'eau qui s'échappera par la cuvette.

En hiver, quand on se défiera de la gelée, qui peut crever les conduites ou, ce qui est pis encore, former des bouchons de glace dans la canalisation, il suffira d'un petit écoulement permanent par la cuvette de vidange pour qu'on puisse compter, même par les froids les plus vigoureux, sur le complet fonctionnement des appareils.

Cet artifice permettra de maintenir les conduites en pression, et il ne nécessitera aucune manœuvre de vanne qu'on fait trop tard en cas d'alerte, comme à l'Opéra-Comique, ou qu'on oublie comme à Vienne.

Mais il ne suffit pas que des établissements d'étages soient disposés sur la scène; la salle et l'administration doivent en être pourvus également.

La question de savoir si l'ensemble du poste d'eau doit être apparent ou dissimulé a été discutée.

Nous estimons pour notre part que, sur la scène, les tuyaux peuvent être apparents; mais que dans toutes les autres parties de l'édifice ils doivent être dissimulés aux yeux du public et disposés dans des armoires fermant par de simples targettes sans clef. Sur la porte de ces armoires on écrirait, en caractères très lisibles : *Secours contre l'incendie*, et l'on afficherait à l'intérieur de la porte une instruction claire et concise indiquant la manœuvre de l'appareil.

Indépendamment de la canalisation d'eau en pression dont les jets, nous le supposons, peuvent dépasser les parties les plus élevées du théâtre, une pompe aspirante et foulante très puissante sera établie à demeure au-dessus d'un puits de large section creusé dans l'une des caves du bâtiment. On y accédera directement de la rue par un couloir voûté solidement et pouvant résister à l'incendie. Cette pompe sera destinée à remplacer l'eau de la ville dans le cas où, par suite d'un concours de circonstances fâcheuses, la distribution d'eau serait interrompue.

La canalisation intérieure sera également prolongée jusqu'au mur extérieur, de façon que les pompes à vapeur puissent y être raccordées directement et qu'elles alimentent le réservoir fermé, qui contiendra une réserve d'eau, laquelle serait suffisante pour entretenir pendant quelque temps la pression des lances du service d'incendie.

Avant de quitter l'intérieur du théâtre et surtout la scène, nous ne dirons un mot du « Grand Secours » constitué par les pommes d'arrosoir des cintres que pour exprimer des doutes sur les avantages qu'on en paraît attendre, et pour faire part des craintes, plus ou moins fondées, que nous éprouvons au sujet de la sûreté de son fonctionnement, qu'il sera difficile de vérifier souvent et par conséquent de maintenir en bon état d'entretien.

Le théâtre dont nous nous occupons n'en sera pas pourvu pour la même raison qui nous empêche d'établir un réseau d'incendie pouvant utiliser les propriétés extinctrices de la vapeur produite pour le fonctionnement des machines.

L'ensemble des prises d'eau doit comprendre, non-seulement les appareils intérieurs, mais encore un réseau complet de conduites, de vannes et de bouches d'incendie d'un fort diamètre disposées à l'extérieur de l'édifice, sur les voies publiques qui l'isolent des constructions voisines.

Ces bouches spéciales, pour l'établissement desquelles des précautions particulières devront être prises au point de vue des risques de gelée qui pourraient en empêcher l'usage, alimenteront les pompes à vapeur et fourniront un volume d'eau qui ne sera jamais trop considérable, étant donnée l'importance et l'intensité du foyer d'incendie à combattre.

SERVICE DE SURVEILLANCE

Il nous reste à parler de la surveillance et nous ne craignons pas de dire, avec M. Garnier, l'illustre architecte de l'Opéra, que cette surveillance stricte, minutieuse et incessante de toutes les parties de l'édifice, est l'âme de la défense des théâtres contre le feu.

Des rondes très rapprochées doivent être faites le jour et la nuit. Les agents chargés de cette surveillance seront soumis eux-mêmes à la vérification de leurs visites par les indications de contrôleurs de rondes munis d'avertisseurs, lesquels donneront immédiatement l'alerte au poste du théâtre en cas de danger.

Les pièces fermées à clef laisseront pénétrer le regard des gardiens par des judas ménagés dans les portes.

Des échelles extérieures conduiront jusqu'aux chéneaux des combles, qui seront assez larges pour qu'on y puisse circuler facilement et munis de garde-corps garantissant des chutes. Des escaliers de toiture et des chemins de faîtage faciliteront l'accès de ces hauteurs aux pompiers, qui pourront ainsi dominer l'incendie et l'attaquer avec avantage.

Dans les théâtres actuels, le service de surveillance doit être augmenté au moment de la représentation, car l'instant critique est celui qui précède le lever du rideau quand on fait, pour la première fois, l'allumage des appareils à gaz sur la scène; mais la lumière électrique supprimant tous risques de cette nature dans le théâtre de sûreté, nous nous bornerons à organiser les postes de secours en ne leur demandant, comme comble de sécurité, qu'une vigilance ordinaire, puisqu'il n'y aura plus sur la scène ni flamme, ni matières inflammables.

L'appréciation de M. le colonel Coustou, déclarant qu'en cas d'incendie le meilleur pompier c'est le machiniste, bien qu'elle paraisse un peu étrange, surtout dans la bouche du Commandant des secours de la ville de Paris, aurait peut-être sa raison d'être dans le théâtre de sûreté dont la scène serait garantie par les machinistes, le reste de l'édifice restant sous la garde des pompiers, ainsi que les services extérieurs comprenant en plus un avertisseur aboutissant au poste central de l'état-major.

RÉSUMÉ

Nous voici enfin arrivé au terme de cette longue et aride nomenclature de dispositions défensives étudiées dans le but
de soustraire les théâtres, et surtout les spectateurs, au danger
d'incendie qui guette les uns et les autres dans le plus grand
nombre des installations actuelles.

En résumé, le théâtre de sûreté comporte principalement une
protection spéciale de la scène comprenant : l'ininflammabilité
des décors, l'éclairage électrique par incandescence, les lanterneaux de scène et le rideau de fer plein.

Nous estimons que cette organisation est suffisante pour
donner toute sécurité aux spectateurs.

Pour offrir encore plus de garanties et supprimer tout risque
de péril, nous préconisons d'abord l'isolement de la scène et
ensuite l'isolement de la salle, de façon à constituer pour
quelques instants une retraite sûre, dans les couloirs et les escaliers, aux spectateurs qui n'auraient pas le temps ou la force
de gagner la rue.

La question des dégagements et des couloirs ne nous préoc-
cupe qu'en ce qui concerne les galeries supérieures et l'amphithéâtre. Quant aux balcons de sauvetage et aux échelles qui les
desservent, toute cette ferraille nous laisse absolument froid et
il n'en sera pas question dans le théâtre de sûreté.

Ce que nous cherchons à donner au public qui le fréquentera,
c'est une confiance entière dans sa construction préventive
contre l'incendie. Il faut qu'on sache bien que la vie de tant de
personnes ne pourra être mise en jeu par suite du moindre
accident dans la décoration, de la plus petite négligence du
service de garde, ou de l'imprudence inconsciente du personnel
de la scène.

Ici le combat ne commencera pas, faute de combattants, et le feu ne prendra pas, parce qu'il ne trouvera rien pour le propager ni même pour l'allumer.

On verra peut-être alors cette chose curieuse et invraisemblable à l'heure actuelle : un théâtre périssant par vétusté au milieu de pompiers qui n'auront jamais vu le feu dans cet édifice.

Les artistes n'achèteront plus d'échelles de corde, comme à l'Opéra-Comique, pour s'échapper en cas d'incendie; les sous-secrétaires d'État laisseront au vestiaire leur ceinture de sauvetage devenue inutile; l'Américain légendaire ne développera plus son fil d'Ariane pour retrouver sa route en cas d'alerte et d'obscurité; enfin, le Commandant des sapeurs-pompiers conduira sa famille à toutes les représentations.

Il ne nous sera probablement jamais donné de voir la réalisation pratique du théâtre dont nous venons de décrire les dispositions idéales ; mais notre souhait le plus vif est que les lecteurs qui nous ont fait l'honneur de nous suivre jusqu'au bout ne soient jamais exposés aux dangers d'incendie dans ces édifices, et que pour eux toutes les salles de spectacle soient toujours des théâtres de sûreté.

Rouen. — Mᵐᵉ Léon Deshays, imprimeur de plusieurs Sociétés savantes.